SOCIÉTÉ CATHOLIQUE

D'ÉTUDES ÉCONOMIQUES ET SOCIALES

DE BOURGES

LA RÉFORME

SUCCESSORALE

BOURGES

IMPRIMERIE TARDY-PIGELET

15, RUE JOYEUSE, 15

1891

RÉSUMÉ DU PROGRAMME

DE LA

SOCIÉTÉ CATHOLIQUE

D'ÉTUDES ÉCONOMIQUES ET SOCIALES DE BOURGES

Reconstitution chrétienne de la société et restauration de la vie provinciale.

Entière soumission à l'Église et à son Chef et par conséquent entente entre les catholiques.

Justice, patronage, dévouement pour les faibles en ne recourant que *« dans une juste mesure et comme il convient* [1] *»* au pouvoir civil depuis si longtemps hostile aux catholiques.

[1] Paroles du Saint-Père au pèlerinage ouvrier de 1887.

Liberté individuelle sans verser dans l'individualisme.

Liberté d'association avec toutes ses conséquences légitimes.

NOTA. — Les personnes qui désireraient faire partie de la Société peuvent s'adresser à M. MONJOIN, rue de Dun-sur-Auron, 40.

SOCIÉTÉ CATHOLIQUE

D'ÉTUDES ÉCONOMIQUES ET SOCIALES

DE BOURGES

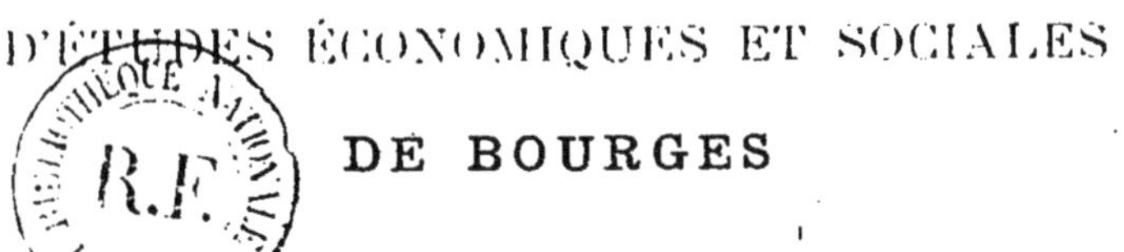

LA RÉFORME SUCCESSORALE

> Que le testament par lequel le père de famille règle la transmission et l'administration de sa propriété ait force de loi.
> (Loi des XII tables, table V^e.)

Dans une brochure intitulée *L'héritage dévoré par le fisc et la procédure*, un partisan de l'égalité des partages, Jules Brame, a écrit : « Un statisticien ne serait pas embarrassé pour démontrer que les partages judiciaires font de plus nombreuses victimes que tous les fléaux réunis. » On peut dire avec non moins de vérité que le code civil, la jurisprudence et les lois financières relatives aux successions ont organisé la spoliation légale des héritiers dans l'intérêt du fisc qui, d'ailleurs, n'en profite pas seul, obligé qu'il est de mettre en œuvre de nombreux auxiliaires et de leur abandonner une grande partie du butin. Pour les gros héritages, cette spoliation n'est que partielle ; elle est complète pour les petits, quand il y a des mineurs ou que les intéressés ne peuvent se mettre d'accord. Au dessous de 500 fr., l'actif ne suffit même pas à couvrir les frais de licitation. Quoique invraisemblable, cette scandaleuse insuffisance n'est pas moins réelle ; les rapports officiels en font foi. Le législateur a eu la bonne intention de protéger les héritiers mineurs, mais il l'a fait à la manière de l'ours de Lafontaine.

Convaincus par l'évidence, les gouvernements qui se sont succédé depuis le premier Empire ont dû prendre eux-mêmes l'initiative de plusieurs modifications qui n'avaient pas pour objet exclusif d'augmenter les droits d'enregistrement. Et cependant, disent le Play et ses disciples, par suite d'une aberration qui serait absolument incompréhensible, pour qui ne connaîtrait pas la puissance dans notre pays des préjugés reposant sur de grands mots aussi creux que sonores, préjugés entretenus, souvent de bonne foi, par ceux qui en bénéficient, que ruinerait injustement, pensent-ils, leur disparition, qui admirent la belle ordonnance de nos codes, la nécessité de poursuivre la réforme des lois successorales n'est pleinement reconnue que par les hommes d'Études. Nombreux sont les hommes qui, victimes de ces lois, s'imaginent qu'elles enchaînent le menaçant fantôme du droit d'aînesse et celui plus redoutable encore du gouverne-

ment des curés. Quant à ceux qui, sans partager cette erreur surannée, estiment que c'est le devoir du père de famille de tenir la balance égale entre ses enfants de manière à leur ménager des situations identiques, et que ce devoir crée aux enfants des droits que nos lois se bornent à assurer sans exagération, ils sont légion.

Les craintes des premiers sont absolument chimériques. On peut concéder aux autres, avec M. Cl. Jannet[1], que le partage égal, qui était en vigueur avant la Révolution dans plusieurs parties de la France, convient dans beaucoup de cas aux familles vouées aux professions libérales, au fonctionnarisme, ou vivant de leurs rentes. Loin de nuire à la thèse des réformistes, cette concession ne peut que la fortifier en faisant tomber la principale objection des opposants. Je ne désespère donc pas de persuader tous les esprits impartiaux de l'utilité de continuer à soumettre à une large discussion contradictoire les réformes que les hommes d'étude réclament, à les vulgariser, et à poursuivre énergiquement la réalisation successive de toutes celles dont l'élaboration a ou aura amené la maturité, et en particulier de celles qui sont déjà soumises au parlement.

Suivant le programme adopté par la Société Catholique d'études économiques et sociales de Bourges, les principales réformes nécessaires sont au nombre de neuf[2], dont voici l'énumération.

1° La première a pour objet de restituer au père de famille disposant de son bien par testament ou par un partage entre vifs le droit de composer les lots de biens de nature différente, tout en faisant attribution de la quotité disponible, et même d'assigner à certains de ses enfants leur portion entière de patrimoine en argent ou en une créance à terme dont il serait libre de fixer l'intérêt à un taux modéré inférieur au taux légal actuel. Elle entraînerait l'abrogation des dispositions qui, dans les articles 826, 827 et 832 du Code civil, donnent à chaque héritier le droit de réclamer sa part en nature des meubles et immeubles de la succession et rendent obligatoire, quand il y a des mineurs, la vente des immeubles qui ne sont pas aisément partageables.

2° On demande en second lieu que la valeur des lots au moment d'une donation portant partage serve de base à la solution de toutes difficultés qui pourront s'élever entre les co-partageants. La Société d'Etudes dont je suis l'organe pense cependant que la réforme serait encore plus efficace si le père de famille qui pourrait prévoir un événement de nature à rendre le partage par trop favorable à certains co-partageants avait la faculté d'y avoir égard par une stipulation appropriée.

3° La troisième demande a pour objet de faire réduire à cinq ou deux ans le délai d'ouverture des actions en nullité ou rescision (annulation) des partages entre vifs ou testamentaires qui actuellement est de dix ans ou trente ans, suivant les cas, à partir du décès de l'ascendant.

[1] *Correspondant* du 15 juillet 1890.

[2] Le programme de la Société comprenait, en outre, la création d'un droit d'usufruit *ab intestat* en faveur du conjoint survivant, suivant le projet de loi Delsol, présenté en 1872. Cette création vient d'être réalisée par l'adhésion que la Chambre a donnée le 26 février dernier au texte remanié par le Sénat et par la promulgation qui a eu lieu le 10 mars.

4° Une quatrième amélioration consisterait à apporter aux articles 791 et 1079 du Code civil, qui interdisent les pactes sur successions futures, les modifications nécessaires pour permettre de renoncer aux actions en nullité ou en rescision en cas de partage et à la succession non ouverte d'un ascendant avec l'assentiment de celui-ci.

5° La cinquième a pour objet de réduire les formalités qui entraînent l'immixtion des officiers ministériels dans les affaires des familles et de faire concéder au testateur le droit de soumettre à l'arbitrage souverain d'un parent, d'un ami, d'un homme de bien les contestations éventuelles de ses héritiers et le règlement de sa succession.

6° Des restrictions doivent être apportées au droit et à l'obligation de sortir de l'indivision.

7° Les taxes fiscales ont besoin d'être révisées et réduites.

8° Les dispositions du Code qui réduisent la quotité disponible à moins de moitié, quand il y a plus d'un enfant, sont à modifier en vue de permettre aux parents d'atténuer les inégalités résultant de legs particuliers, et de favoriser la conservation du foyer, de l'atelier, de l'établissement industriel dans la famille, et par suite la lutte contre la concurrence étrangère. Il y a lieu, au contraire, de restreindre les libertés immorales actuellement permises au détriment de la famille.

Il est, en outre, nécessaire, pour fortifier l'autorité paternelle dans son exercice légitime, que la retenue autorisée sur une part virile d'enfant soit proportionnellement la même quel que soit le nombre des enfants.

9° En ce qui concerne la petite propriété et notamment les petites successions échues à des mineurs, quelques-unes de ces réformes générales peuvent être particularisées comme il suit:

On demande et le gouvernement avait lui-même proposé en 1867 d'admettre comme valables, sous la condition de l'homologation du tribunal, qui ne semble pas d'ailleurs indispensable, les partages effectués devant un notaire de l'assentiment des représentants des mineurs, sans tirage au sort, sans observer la disposition finale de l'article 832 du Code civil.

On va plus loin et on voudrait que le tribunal eût le droit d'ajourner jusqu'à la majorité de l'aîné des mineurs les partages intempestivement provoqués par les tuteurs.

Demandée pour toutes les successions, la suppression de la taxe fiscale qui frappe le nu-propriétaire avant l'entrée en jouissance est surtout jugée indispensable et réclamée en faveur de la petite propriété.

On estime enfin nécessaire de remplacer par un droit fixe le droit proportionnel qui frappe les soultes des partages et d'accorder aux héritiers le bénéfice de l'assistance judiciaire pour les successions directes inférieures ou au plus égales à 3,000 fr.

Ces réformes, dont il importe d'avoir une idée d'ensemble avant d'aborder la justification de chacune d'elles, peuvent se résumer ainsi :

1° Liberté dans la composition des lots en ce qui concerne la nature des biens. (1re réforme.)

2° Stabilité des partages. (2e et 3e réforme.)

3° Liberté des arrangements de famille complétant la stabilité des partages. (4e réforme.)

4° Simplification de la procédure. (5e réforme.)

5° Ajournement des partages onéreux sans utilité. (6e réforme.)

6° Réduction des taxes fiscales. (7e réforme.)

7° Diminution des cas de réduction à moins de moitié de la quotité disponible tant sur une part virile d'enfant que sur la totalité du patrimoine, et limitation plus étroite des libéralités permises au détriment de la famille. (8e réforme.)

8° Simplifications et secours particuliers en faveur de la petite propriété, et notamment des héritiers mineurs. (9e réforme).

Ne pouvant avoir la prétention de présenter des textes et des exposés de motifs de projets de loi, je me bornerai, sauf en ce qui concerne la question de la quotité disponible qui, étant plus controversée, exige plus de développements, à exposer brièvement les circonstances qui me paraissent le plus propres à rallier les esprits aux principes des réformes.

PREMIÈRE RÉFORME

Liberté dans la composition des lots.

Réclamée par la commission supérieure de l'enquête agricole de 1866-1869, la modification des articles 826 et 832 du Code civil a été proposée à la session de 1870 par le gouvernement. Le projet de loi présenté permettait au père de famille, suivant M. Cl. Jannet, d'attribuer à un seul enfant l'intégralité des immeubles à condition de payer aux autres des soultes en argent, et donnait aux tribunaux des pouvoirs analogues pour les biens des mineurs. Représentée en 1871 par M. Lucien Brun avec quelques compléments heureux, cette proposition fut prise en considération le 17 juin 1871. Elle n'a pas, il est vrai, obtenu l'adhésion du conseiller d'Etat Groualle à qui elle avait été renvoyée, mais celui-ci s'est borné à se placer au point de vue de ce qu'on appelle *Elegantia Juris* et s'est vu contraint de souhaiter un changement de jurisprudence sur l'application des articles 868 et 922 du Code civil relatifs à la manière d'estimer, en cas de réduction, les meubles et immeubles qui ont été l'objet de donation. Aussi a-t-elle fait de grands progrès dans les esprits, même parmi les officiers ministériels. Reprise chaque année par M. de Mun depuis 1887, elle finira sans doute par aboutir lorsque le parlement trouvera le temps de la discuter. Sans attribuer au père de famille un droit supérieur à celui qu'il possède de vendre sa propriété [1], elle fournira dans beaucoup de cas le moyen d'éviter la licitation des immeubles et établissements industriels qui ne sont pas aisément partageables ou ne présentent pas des conditions de similitude suffisantes aux termes des articles 815 et 826 du Code civil pour être compensés dans des lots séparés.

[1] « Le citoyen a le droit de disposer de son bien, disait Curé au Tribunat, et, la paternité serait pour le père un titre d'incapacité. »

Le principe du droit absolu du père de vendre, mobiliser, hypothéquer sa propriété est toutefois contesté par des théologiens. (*La propriété dans la famille*, Association catholique de janvier 1891.)

Elle serait toutefois insuffisante si on ne la complétait pas en autorisant les soultes à terme à intérêt modéré, particulièrement indispensables pour la conservation du foyer de l'ouvrier. A la vérité un généreux industriel de Saverne, M. Goldenberg, était parvenu, lui vivant, à obtenir le même résultat en achetant au nom des ouvriers un coupon de rente de la valeur de chaque maison, divisible sans grands frais, dont les arrérages représentaient un prix de location que l'ouvrier était censé payer. Au décès de celui ci, le coupon était partagé et la maison pouvait rester à un des enfants. Mais c'est là une exception qui ne fait que confirmer l'impossibilité où est le père, dans les cas ordinaires, de transmettre le foyer à l'un de ses enfants. Du reste, M. Cl Jannet constate dans le *Socialisme d'Etat*, page 471 de la 1re édition, que, même à Mulhouse, les maisons ouvrières passent peu à peu entre les mains de petits bourgeois ou de logeurs en garni.

Un père qui fait un partage testamentaire peut bien protéger son œuvre en privant éventuellement de leur part de la quotité disponible ceux de ses enfants qui attaqueraient le partage. Mais ce droit, dont l'exercice est incompatible avec l'attribution ferme et immédiate de la totalité de la quotité disponible à certains héritiers [1], semble devoir être souvent illusoire lorsque la famille est nombreuse. Dans ce cas, en effet, il paraît assez difficile que le père ne commette pas, dans l'estimation relative de quelque lot, une erreur telle que le légataire du lot puisse se croire intéressé à attaquer le partage.

C'est pis encore dans les partages entre vifs, car il faut qu'ils soient acceptés par tous les enfants, et l'acceptation est aujourd'hui difficile quand les parts ne sont pas rigoureusement égales. Elle ne détruit pas d'ailleurs le droit de réclamer à la mort du père. Mais M. Cl. Jannet a commis une erreur ou tout au moins une exagération en écrivant (*Socialisme d'Etat*, page 437), que les articles 826 et 832 du Code doivent, à peine de nullité absolue, être rigoureusement appliqués à ces partages. Le contraire résulte de l'arrêt de cassation du 23 mars 1869, *Mélouga*, rapporté dans l'*Organisation de la famille*, page 238 [2], et d'un autre arrêt

[1] Suivant les hommes d'affaires, l'attribution de la quotité disponible désarme entièrement le père en ce qui concerne la distribution des lots, même formés conformément à la disposition finale de l'article 832 du Code civil.

[2] « La Cour.

« Sur le premier moyen tiré de la violation des art. 826, 832 et 1075 du Code Napoléon ;

« Considérant que l'art. 1075 du C. N., en conférant aux ascendants le droit de partager leurs biens entre leurs enfants, ne les a pas affranchis de l'obligation de se conformer aux règles essentielles des partages, et particulièrement au principe d'égalité dont les art. 826 et 832 du même Code, qui disposent que chacun des cohéritiers peut demander sa part en nature des immeubles de la succession, ne sont que la conséquence ;

« Attendu qu'il faut néanmoins reconnaître que ces articles ne sont pas applicables lorsque les immeubles ne peuvent pas se partager commodément ;

« Que, dans ce cas, en effet, on ne pourrait imposer la règle absolue de la division des immeubles entre tous les cohéritiers, sans méconnaître les termes de l'art. 827 du C. N., et sans aller contre le véritable esprit de la loi ;

« Attendu en fait que l'arrêt attaqué se fonde très particulièrement

en date du 26 juin 1882 cité par M. Jannet lui-même, page 138. Le premier a maintenu, en effet, un partage de 1835 qui avait attribué à un seul enfant la totalité d'immeubles qui ne pouvaient être partagés commodément et sans subir une notable dépréciation. Le second admet que les infractions aux articles 826 et 832 du Code ne sont pas d'ordre public et peuvent être couvertes par l'acquiescement des intéressés. Peut-être ces arrêts sont-ils les indices d'une modification de jurisprudence. Elle serait due en ce cas à l'influence de Le Play qui avait pris en mains la cause des *Mélouga*, mais n'offre pas aux familles assez de garanties pour n'être pas elle-même un argument en faveur de la réforme proposée. Il est même à noter qu'en 1874 les *Mélouga* n'ont plus osé procéder de la même façon, qu'ils ont partagé les biens que la Cour de Pau avait déclaré n'être pas facilement partageables, et racheté ensuite les parts détachées du foyer. Quelle complication et quels frais ! Il eut été plus simple et moins coûteux, mais encore compliqué et onéreux de séparer les deux opérations de la donation et du partage.

DEUXIÈME ET TROISIÈME RÉFORME

Stabilité des partages.

Dans la pensée du législateur, le partage d'ascendant devait neutraliser ou au moins atténuer les effets du partage égal, lequel, je le montrerai bientôt, a été dès l'origine reconnu funeste aux petits fortunes. « Le père de famille, disait Bigot de Préameneu, président d'une section du Conseil d'Etat sous le Consulat, pourra ainsi éviter les démembrements et conserver à l'un des enfants l'habitation qui continue d'être l'asile commun. » Mais la lettre du Code et la jurisprudence que la Cour de Cassation a établie pour s'y conformer ont empêché que cette espérance se réalise. Déjà, comme je viens de le dire, les partages qui attri-

sur les circonstances et les documents de la cause, dont l'appréciation souveraine lui appartient, pour reconnaitre et affirmer que les immeubles dont il s'agit ne pouvaient pas être partagés commodément et sans subir une notable dépréciation ;

« D'où il suit qu'en le décidant ainsi en l'état des faits, l'arrêt attaqué loin de violer les articles du C. N. invoqués par le pourvoi en a fait, au contraire, une juste application ;

« Rejette en conséquence le premier moyen.

« Sur le deuxième moyen, pris de la violation de l'art. 1079 du C. N. ;

« Attendu que pour justifier la demande en rescision contre l'acte de partage du 25 février 1835, pour lésion de plus d'un quart, l'arrêt attaqué se fonde non seulement sur ce que l'estimation des biens par les ascendants dans le susdit partage avait été acceptée et tenue pour vraie par tous les héritiers dans cet acte même, et que cet acte avait été par eux exécuté, mais que de plus, en fait, et par une appréciation qui lui est propre, l'arrêt déclare que cette appréciation offre toutes les garanties désirables et que, par suite, chacun des héritiers a effectivement reçu la part qui lui revenait ;

« Attendu, en outre, que le moyen produit devant la Cour impériale de Pau n'était aucunement fondé sur la différence qui aurait existé entre la valeur des biens au moment du partage et leur valeur au moment du décès des donateurs ; déclare sous ce rapport le moyen non recevable et en fond, le déclare mal fondé ;

« En conséquence et par ces motifs, rejette le pourvoi. »

buent le foyer commun et ses dépendances nécessaires à l'un des enfants n'offrent par cela même qu'une garantie tout-à-fait relative et insuffisante fondée sur deux arrêts d'espèce. Ce ne serait peut-être qu'un demi-mal si les actions en nullité ou en rescision devaient obligatoirement être formées à bref délai et jugées d'après la valeur des lots au moment de la donation portant partage. Mais ces actions, impossibles pendant la vie de l'ascendant parce qu'alors elles sont considérées comme se rapportant à de futures successions, ne se produisent, au contraire, dans la généralité des cas, qu'après un long espace de temps, et c'est sur la valeur des lots au moment du décès de l'ascendant (art. 890 et non 922 du Code civil) que les calculs doivent être basés, d'après la jurisprudence, en cas de réclamation pour lésion de plus du quart ou réduction d'un avantage à la quotité disponible.

Quant au délai pendant lequel les partages peuvent être attaqués après la mort de l'ascendant, il faut distinguer :

L'arrêt *Mélouga* déjà cité, rendu trente-trois ans après la mort de l'ascendant, survenue en 1836, n'ayant pas rejeté par une fin de non recevoir le moyen de pourvoi tiré de la violation de l'article 1079 du Code, il en résulte que les actions en nullité ou rescision de toutes sortes, celles en rescision pour lésion de plus du quart (art. 1079) comme celles pour vice dans la composition des lots (art. 826 et 832) ne sont réellement et définitivement éteintes que trente ans après le décès de l'ascendant. Il n'y a donc pas à compter sur le premier § de l'art. 1304 du Code qui les limite à dix ans, à partir du décès de l'ascendant, ni sur les commentaires et arrêts déjà anciens dont cet article est accompagné dans le recueil *Rivière*, *F. Hélie* et *P. Pont*. Il faut noter, au contraire, qu'en cas de dol ou d'erreur, le deuxième § de l'article 1304 ne fait courir le délai de dix ans que du jour de la découverte du dol ou de l'erreur.

D'après les mêmes commentaires, un arrêt de cassation du 1er mai 1861 limite à dix ans les actions en réduction d'un avantage à la quotité disponible. Cet arrêt est-il péremptoire? Offre-t-il des garanties suffisantes contre un changement de jurisprudence? Je l'ignore, et il serait sans intérêt de s'en assurer.

Il est en effet de toute évidence que, même dans le cas de l'affirmative, même dans le cas où l'ascendant aurait eu la possibilité et la précaution de donner par préciput et hors part à celui contre lequel le partage serait attaqué l'objet de la contestation, les partages d'ascendant resteraient très dangereux. Ce n'est pas à Bourges, où l'on se rappelle encore l'arrêt de la Cour d'appel du 22 décembre 1879[1], qu'on pourrait douter des périls auxquels ils exposent les familles. Ils sont périlleux par les changements de valeur qui peuvent se produire avant la mort de l'ascendant, et comme l'art. 922 du Code civil n'est pas applicable en ce cas, par ceux même qui ne seraient que le résultat du labeur et de l'intelligence de certains des co-partageants, des héritiers associés notamment. Ils le sont encore par les vicissitudes et les complications de toutes sortes qui ne peuvent manquer de surgir pendant trente ans après la mort du père et notamment par

[1] Cet arrêt a annulé un partage daté de 1853, à cause de la plus-value donnée aux immeubles d'un lot par la création d'une station balnéaire.

celles auxquelles donneraient inévitablement lieu de nouveaux partages effectués dans la génération suivante.

Les partages testamentaires n'échappent pas aux mêmes dangers, car ils peuvent être attaqués, pour lésion ou réduction à la quotité disponible, non seulement pendant dix ans, mais bien pendant trente ans.

Les éventualités de nature à détruire la proportion que l'ascendant veut établir rendraient le partage impossible s'il n'avait pas la liberté d'y avoir égard par une condition appropriée. C'est le motif de la modification que la Société d'Etudes de Bourges croit utile d'apporter à la réforme numéro 2.

Les deux réformes 2 et 3 ont été demandées l'une et l'autre par la commission supérieure de l'enquête agricole de 1866-1869, et le rapport présenté au nom de cette commission par M. de *Forcade La Roquette* constate que le gouvernement avait pris devant elle l'engagement de proposer l'amélioration des dispositions du Code relatives aux partages d'ascendant. Telle est l'origine du projet de loi dont j'ai déjà parlé et qui n'a pas abouti.

QUATRIÈME RÉFORME

Liberté des arrangements de famille.

Dans la réforme n° 4, il y a deux parties :

La première, qui a pour objet de rendre licites les renonciations aux actions en nullité ou rescision d'un partage, est un simple complément des précédentes et ne réclame pas de justification particulière.

L'autre partie a un double objet. D'une part, elle permettrait au père de faciliter l'émigration ou le mariage d'un de ses enfants en lui donnant une dot supérieure à celle des autres sans léser les intérêts de ces derniers, c'est-à-dire en réservant à ceux-ci par compensation une plus grande partie ou même la totalité de sa future succession. D'autre part, elle donnerait aux enfants qui entrent dans les ordres et aux célibataires le droit de renoncer valablement à leur part d'héritage. La restitution de ce droit serait évidemment, avec la liberté du testament, le meilleur moyen de maintenir dans de justes proportions les biens de main morte dont le partage égal favorise, au contraire, le développement exagéré au détriment des familles.

CINQUIÈME RÉFORME

Simplification de la procédure.

La justification de la cinquième réforme m'obligera à rappeler les critiques qui ont été faites sur les pratiques de certains officiers ministériels. Je tiens à déclarer que, dans ma pensée, elles n'ont aucune application dans la ville de Bourges, où, en ce qui me concerne, je n'ai eu qu'à me louer sans réserve des procédés des avoués et des notaires auxquels j'ai eu affaire. J'ajouterai même que, bien exercées, les fonctions de notaire sont si honorables que, dans les provinces où la domination romaine a laissé le plus de traces, le notariat donnait la noblesse.

Les offices d'affaires étaient anciennement des charges vénales, c'est-à-dire qu'ils passaient du prédécesseur au successeur par une vente. La Révolution les avait abolis par la banqueroute. Napoléon les rétablit en les concédant gratuitement, mais ils ne sont pas moins redevenus des charges vénales dont le prix dépend du nombre des affaires de l'office et demeure soumis à l'approbation du ministre de la justice. Toute simplification de la procédure a donc pour résultat de diminuer le revenu d'une propriété acquise à titre onéreux avec l'approbation de l'autorité judiciaire. Aussi les hommes d'affaires la considèrent-ils comme une véritable confiscation, tandis que l'administration, arguant de la gratuité de la première concession sous Napoléon, se croit autorisée à l'imposer sans indemnité. Les malheureux héritiers, que ruinent le fisc et la procédure, sont victimes de ce conflit, car les hommes d'affaires qu'on refuse d'indemniser ont été assez puissants jusqu'ici pour faire échouer les réformes que le gouvernement proposait lui-même, entendant leur en faire supporter les frais entiers sans rien enlever au fisc. Se fondant à la fois sur le fait, autorisé par l'administration judiciaire, de la transmission des offices à titre onéreux depuis de longues années et sur l'exemple donné par d'autres peuples dans des cas analogues, notamment par les Anglais, plus récemment par les Allemands, dont toutefois l'équité n'a pas été le seul mobile, les partisans des réformes sont aussi d'avis d'indemniser les officiers ministériels pour faire cesser leur opposition. On peut ajouter à l'appui de cette opinion que la banqueroute révolutionnaire n'a été que partielle et qu'il subsiste encore des offices remontant à l'ancien régime qui, conservés par le même titulaire pendant la Révolution, ont pu être vendus sous l'Empire; que, de plus, les officiers ministériels ont été frappés sous la Restauration, sinon sous l'Empire même, de taxes qui consacraient le droit de propriété de leurs possesseurs. Mais il ne faut pas se dissimuler que, dans un pays obéré comme le nôtre, la nécessité d'indemniser les hommes d'affaires autres que les notaires, lesquels seraient plutôt favorisés que lésés, oppose aux réformes un obstacle qui n'est probablement pas plus facile à surmonter que la résistance des intéressés. Il est donc à désirer qu'on trouve une solution de nature à tout concilier.

Sous la réserve de la compensation à allouer à qui de droit, sous quelque forme que ce soit, et sur laquelle, d'ailleurs, qui de droit prend quelques acomptes, les réformateurs estiment qu'il est indispensable de revenir à l'ancienne législation romaine, code de Justinien, et de rendre au père de famille le droit de déférer souverainement à l'arbitrage de parents ou d'amis les difficultés éventuelles du règlement de sa succession.

Nous sommes habitués aujourd'hui à l'intervention des hommes de loi dans les affaires de nos familles, et nous supportons qu'ils viennent dans nos maisons dresser des inventaires tellement minutieux parfois qu'ils ressemblent, qu'on me permette cette comparaison, à une note de blanchissage. Les autres peuples s'en étonnent, non sans raison, et considèrent cette intervention, qui est la conséquence de la loi du partage égal, comme suffisante pour démontrer la nécessité d'abandonner celle-ci.

Mais ce n'est pas assez de subir une inquisition qui blesse la dignité des familles, il faut encore payer largement le temps des hommes de loi, celui de leurs auxiliaires, et le papier timbré qu'il leur est prescrit d'employer en même temps que défendu d'économiser en serrant l'écriture. Ce n'est pas assez encore de payer les formalités réellement indispensables, souvent aussi il faut payer celles qui ne le sont pas, mais que jugent telles des officiers ministériels inhabiles ou peu scrupuleux ou simplement trop imbus de l'esprit du Code et de la jurisprudence. Je puis citer en exemple un fait qui est à ma connaissance personnelle et dont auraient été victimes des héritiers mineurs sans les bons conseils d'un notaire de Bourges [1].

Après le partage judiciaire des immeubles, les hommes d'affaires ne voyaient d'autre moyen d'effectuer celui des valeurs mobilières que de procéder à une coûteuse liquidation générale. Il a suffi d'une vente à la Bourse autorisée par le tribunal [2].

Qu'on ne croie pas à une exception unique : Un auteur estimé qui a écrit sous le pseudonyme de Lorrain, a dit, au sujet d'une petite succession de 900 francs échue à des mineurs, dans un département limitrophe du nôtre : « Si certaines circonstances favorables ne s'étaient pas présentées, si les complications qui se produisent dans quarante affaires sur cent étaient survenues, le montant des frais aurait dépassé celui de la vente. Il est vrai que lorsqu'une telle éventualité devient probable, les officiers ministériels trouvent le moyen de supprimer des formalités qui, au contraire, restent nécessaires tant que la succession est réputée solvable. » La même observation avait d'ailleurs été déjà faite par Le Play.

SIXIÈME RÉFORME

Restrictions au droit de sortir de l'indivision.

Aux termes de l'art. 815 du Code, nul ne peut consentir pour plus de cinq ans à faire cesser une indivision. Cette prescription est avantageuse au fisc, mais elle ne l'est pas pour les héritiers qu'un mouvement de mauvaise humeur de l'un d'eux expose, au bout de cinq ans, à un partage onéreux qui peut n'avoir aucune

[1] M. Drouin, à qui je dois la plupart des indications précises que j'ai pu ajouter à celles déjà données par Le Play et par MM. Cl. Jannet, Cheysson et Urbain Guérin.

[2] La liquidation judiciaire ne pourrait plus aujourd'hui être évitée en pareil cas. Le tribunal de la Seine a inauguré, en effet, une nouvelle jurisprudence que les autres se sont empressés d'adopter et d'après laquelle tous refusent, tant qu'il n'a pas été préalablement procédé à une liquidation judiciaire, l'homologation exigée par la loi du 27 février 1880 pour les ventes et remplois de valeurs mobilières supérieures à 1,500 francs. Ils décident même que l'autorisation du conseil de famille cesse d'être suffisante pour les valeurs inférieures à 1,500 francs, lorsqu'elles sont comprises dans un même titre avec des parts de majeurs et que l'ensemble est supérieur à 1,500 francs.

C'est là un exemple frappant de l'habileté des légistes à tourner, pour maintenir les règles inflexibles du Code, les lois qui ont pour objet d'apporter des palliatifs aux inconvénients du partage forcé, et un motif de plus de poursuivre la réforme radicale de tout le système. Ce cas est d'autant plus à remarquer que la loi de 1880 était elle-même une loi restrictive.

utilité réelle et amener la destruction d'un foyer. Il semblerait sans inconvénient de doubler le délai déterminé par l'art. 815.

Le cas des petites successions échues à des mineurs est encore plus intéressant, comme le démontre l'exemple de celle que j'ai déjà citée. C'était en 1830, dans le département de la Nièvre; la succession était de 900 francs. Il se trouva un homme d'affaires pour conseiller la licitation ; le tuteur crut devoir dégager sa responsabilité en se conformant à cet avis et le conseil de famille adhéra. La licitation eut lieu et réduisit la somme à partager à 9 fr. 15. Et comme je l'ai fait remarquer d'après l'ouvrage signé Lorrain, il s'agissait d'un cas qui n'avait rien d'exceptionnel. Au contraire, il ne s'y rencontrait pas de complications.

Les lois de 1841 et 1884, sur lesquelles j'aurai à revenir et dont la seconde n'est même pas appliquée, le gouvernement l'a reconnu récemment à la tribune de la Chambre, n'ont apporté à la situation que des palliatifs tout à fait insuffisants. Quoi qu'on fasse, du reste, pour rendre les licitations entre mineurs de la petite propriété moins scandaleusement ruineuses, elles ne cesseront jamais d'être onéreuses et garderont toujours l'inconvénient de détruire le foyer commun.

SEPTIÈME RÉFORME

Réductions des taxes fiscales.

L'héritage direct est tellement naturel que, dans beaucoup d'Etats, et notamment dans la plupart des États allemands, il est affranchi de tout droit.

Cependant pour l'héritage direct comme pour les héritages collatéraux, le principe des taxes fiscales est admissible à la condition que le taux en soit proportionné à la sécurité que donne aux actes la date certaine qui résulte de leur enregistrement. C'est ainsi qu'elles sont établies aux Etats-Unis et en Angleterre. Dans ce dernier pays, on a même eu soin de les graduer suivant l'âge de l'héritier de manière à éviter que deux ou trois dévolutions rapprochées ne détruisent une partie importante du patrimoine.

En Alsace-Lorraine, l'usufruitier paye plus ou moins suivant son âge, et le nu-propriétaire est dégrevé en conséquence.

Loin que les taxes fiscales soient établies aussi rationnellement en France, il semble que le fisc n'a pas pu avoir d'autre but que de se créer, par une confiscation partielle de la propriété effectuée en circonstances favorables, c'est-à-dire au moment où elle passe entre les mains d'un nouveau possesseur, dont elle améliore plus ou moins la situation suivant que l'entrée en jouissance est immédiate ou différée, une ressource importante qui lui permette de réduire d'autant l'impôt direct que rien ne dissimule et qui, frappant sur tous à la fois, ne peut être augmenté sans exciter la clameur populaire. Sans doute les héritiers trouvent énorme la part qu'ils doivent céder au fisc, mais leurs plaintes ne sont pas simultanément assez nombreuses pour troubler la quiétude du grand percepteur.

Les droits de mutation par décès sont en France sur les valeurs tant mobilières qu'immobilières, y compris le second décime de supplément dit de Guerre rétabli par la loi du 23 août 1871, et l'augmentation du quart édictée par la loi du 28 février 1872 :

En ligne directe	1 25
Entre époux	3 75
Entre frères et sœurs, oncles et neveux	8 125
Entre cousins germains (4e degré)	8 75
Entre collatéraux du 5e au 12e degré	10 »
Entre étrangers, 1 fr. 25 en plus	11 25

Les meubles n'étaient d'abord taxés qu'à 0 fr. 25 en ligne directe, 1 fr. 25 en ligne collatérale, et les immeubles qu'à 2 fr. 50 en ligne collatérale, mais les besoins croissants du fisc ont amené les énormités actuelles.

En ce qui concerne les immeubles, les droits sont calculés sur un capital fictif représentant 20 fois le revenu brut pour les maisons, 25 fois ce même revenu brut pour les immeubles ruraux, sans rien réduire pour les dettes, même dans les successions bénéficiaires, ni pour l'impôt.

Les soultes des partages, assimilées à des prix de vente, sont en outre assujetties, en vertu de la loi du 18 mai 1850, qui a fait prévaloir les prétentions de l'administration contre la jurisprudence des tribunaux, à un droit principal de 4 0/0, soit avec les décimes, 5 0/0.

Le nu-propriétaire paie autant que celui qui hérite en même temps du revenu et dans le même délai, ce qui n'empêche pas l'Etat de recevoir encore de l'usufruitier la moitié du droit que supporterait l'héritier du même degré, la moitié de 3 fr. 75 pour un conjoint survivant, et de l'héritier, si l'usufruit d'un immeuble vient à cesser par renonciation ou donation, un droit de transcription de 1 fr. 875 dont il aurait été exempt si l'usufruit n'avait pas été constitué.

Une succession directe immobilière peut donc être grevée des droits proportionnels suivants : 1 fr. 25 sur la totalité, 1/2 de 3 fr. 75 sur la moitié laissée en jouissance au conjoint survivant, 1 fr. 875 sur la même moitié en cas de renonciation à l'usufruit, soit ensemble 3 fr. 125 0/0 de la totalité, et enfin de la taxe de 5 0/0 sur les soultes [1].

Et si la transmission, au lieu d'être effectuée par décès ou par donation entre vifs, est faite par contrat de mariage, quoique sans constitution d'usufruit, il faut payer à cause du droit de transcription de 1 fr. 50 qui est dû aussi dans ce cas, 2 fr. 75 de principal ou 3 fr. 44 en tout.

La loi fiscale du 22 frimaire an VII semblait faite pour détourner les ascendants de prendre des dispositions applicables de leur vivant. Le législateur s'est aperçu de son erreur ; il a ramené les droits de donation par partage d'ascendant à celui des mutations par décès et a abaissé à 0 fr. 50, en principal, le droit de transcription à payer quand l'entrée en jouissance doit être immédiate, mais il s'est arrêté à moitié chemin, et n'a étendu la réforme ni aux donations par contrat de mariage, ni aux renonciations d'un usufruit immobilier.

[1] Je néglige, quoique proportionnel plutôt que fixe, le droit gradué de 1 franc par 1,000 *au minimum*, que la loi du 28 février 1872 a substitué au droit de 5 francs applicable aux partages simples d'après la loi de 1816.

Qu'une transcription soit nécessaire lorsqu'une transmission de propriété s'opère du vivant de l'auteur, ce n'est pas à contester. Mais il n'y a pas de motif pour que le droit de transcription des donations par contrat de mariage et des renonciations à un usufruit immobilier soit de 1 fr. 50, et celui des partages entre vifs de 0 fr. 50 seulement. Il n'y a pas de motif non plus de majorer d'un quart pour les donations par contrat de mariage le droit de 1 franc des mutations par décès ou donations entre vifs hors contrat. Les donations par contrat de mariage ne devraient donc être taxées qu'à 1 fr. 50 en principal, au lieu de 2 fr. 75.

Déjà trop onéreux, surtout pour la petite propriété, le droit de 5 0/0 sur les soultes des partages ne sera plus supportable lorsque le père aura la faculté d'attribuer l'intégralité de son domaine à un seul de ses enfants.

Sauf à l'Etat à créer un privilège pour assurer le payement ultérieur des droits de mutation par décès en propriété, le payement de ces droits, quand il y a un usufruitier, devrait être différé jusqu'à l'entrée en jouissance. Si la situation des finances ne permet pas en ce moment une réforme aussi complète, le droit à la charge du propriétaire devrait au moins être diminué de la somme perçue sur l'usufruit, laquelle ne serait exigée du propriétaire qu'au décès de l'usufruitier.

Il est d'ailleurs de toute justice que, pour le calcul des droits à payer, les dettes soient déduites de l'actif des successions bénéficiaires ou non, et la seule concession que les réformistes puissent faire sur ce point, c'est que, suivant le principe posé dans le projet de loi actuellement soumis au parlement, on ne retranche que les dettes authentiques.

Les droits entre collatéraux frappent le capital à l'excès et réclament une atténuation dont le minimum paraît devoir consister en la faculté de payer par annuités, qu'il serait utile, d'ailleurs, d'étendre à d'autres cas. Il est donc impossible d'approuver les dispositions du projet dont je viens de parler qui, exceptant les frères et sœurs, élève le principal de ces droits de 1 à 2 0/0 du capital.

La capitalisation des immeubles ruraux se faisait avant 1875 aux mêmes taux que celle des maisons. C'est donc au moment où la crise agricole, qui dure encore, commençait à sévir que le législateur, évidemment mal inspiré, a surélevé celui des valeurs rurales. On ne saurait trop se hâter de revenir en arrière. C'est à quoi cependant le législateur ne paraît nullement disposé. Il croira se montrer généreux s'il ne profite pas pour porter le taux à 30 0/0, comme le voulait le gouvernement, de l'occasion que lui fournit le projet de loi déjà cité deux fois, dont la première lecture vient d'être faite le 12 mars courant. Mais cela ne l'empêchera pas de ménager à l'Etat une compensation en stipulant que la valeur obtenue par la capitalisation du revenu ne sera plus à l'avenir qu'un minimum et que les droits devront être liquidés sur la valeur vénale quand elle sera supérieure à ce minimum. Le fisc ne veut pas se contenter de la plus-value que va lui fournir l'application de la loi du 10 mars sur les droits du conjoint survivant.

HUITIÈME RÉFORME

Quotité disponible.

Le Play a écrit dans l'*Organisation de la famille*, p. 75 : « Dans la pratique on constate que l'influence des testaments tend à s'effacer lorsque le propriétaire ne peut disposer, dans tous les cas, d'au moins la moitié de ses biens. Je suis donc conduit à rattacher à la liberté testamentaire les régimes sous lesquels la quotité disponible est fixée, dans tous les cas au moins à moitié ». Tel n'étant pas le cas de la législation française, Le Play la considère comme un régime de partage forcé. Il n'est pas loin de la vérité, quant à la pratique, parce que le partage égal, qui est de règle dans les successions *ab intestat*, semble représenter dans la pensée du législateur le type absolu de la justice, et que les pères de famille hésitent d'autant plus, pour ce motif, à s'en écarter que la modicité de la quotité disponible et les articles 815 et 826 du Code civil ne leur permettent généralement pas de répartir leurs biens entre leurs enfants suivant leurs désirs. Opposer à la liberté testamentaire, telle que l'entend Le Play, le peu d'usage qu'on fait du testament, c'est donc présenter une objection qui serait sans valeur lors même qu'elle n'étendrait pas à la France entière ce qui n'est vrai que pour une partie. Celle de vouloir ressusciter le droit d'aînesse n'est pas plus fondée, car Le Play et ses disciples condamnent la conservation forcée de la quasi-totalité de l'héritage entre les mains d'un seul autant que le partage forcé. Pour eux, le type parfait, en théorie, c'est la liberté absolue de tester, entendue, non pas comme un droit d'arbitraire, mais comme la liberté pour le père de famille de faire concourir l'usage du testament à l'accomplissement de tous ses devoirs de paternité, de patronage et de civisme. Mais, en pratique, ils admettent qu'il suffit de fixer la quotité disponible à la moitié pour que la transmission intégrale des domaines, des foyers et des établissements industriels, qui est leur objectif, soit généralement possible, et pour mettre fin au régime tyrannique qui comprime et détruit les anciennes coutumes locales de la France.

Ils admettent aussi que la loi écrite doit permettre d'annuler, comme le faisait l'ancienne jurisprudence dans le cas spécial des dons entre concubins, toute disposition manifestement contraire à la loi naturelle ou à la loi révélée et notamment aux obligations que ces lois imposent aux parents vis-à-vis de leurs enfants. Suivant eux, les abus du pouvoir paternel sont les plus rares de tous et ne sauraient être mis en balance avec les inconvénients résultant d'une limitation excessive. Ils estiment cependant que des précautions spéciales sont à prendre pour le cas d'un second mariage et pour d'autres encore, parmi lesquels je rangerais volontiers celui des grand'mères veuves. Ils ne feraient, je pense, aucune objection à la formule à laquelle j'ai ramené leurs desiderata sur la question de la quotité disponible pour bien mettre en lumière le but qu'ils poursuivent ainsi que les lacunes à remplir et les discordances à faire disparaître dans le Code civil.

Les arguments sur lesquels ils s'appuient ou peuvent, ce semble, s'appuyer, sont au nombre de sept, savoir :

1° Aveux implicites et explicites des législateurs de la Convention et du Consulat.

2° Défaut d'accord des dispositions du Code avec leur principe.

3° Défaut d'harmonie de ces dispositions entre elles.

4° Nombre et autorité des partisans de la réforme.

5° Exemples tirés des législations étrangères.

6° Affaiblissement de la famille, multiplication des procès, destruction du foyer et ruine de la propriété conformément aux prévisions des auteurs du Code civil.

7° Affaiblissement de la race et de la nation.

1er ARGUMENT. — *Aveux du législateur* — En permettant au père de famille de disposer de la moitié de son bien quand il n'a qu'un enfant, du tiers, quand il en a deux, du quart quand il en a davantage, le législateur a manifestement reconnu que le partage égal n'est pas de droit naturel et que la quotité disponible doit varier selon les circonstances. Les besoins de l'époque exigeaient-ils que cette quotité fut aussi rigoureusement limitée? Les auteurs du Code civil vont répondre eux-mêmes.

Cambacérès avait déjà dit en 1793 : « Vous avez voulu frapper les grandes fortunes toujours dangereuses dans une république, mais la loi étant générale, les petits propriétaires ont été atteints ». Et Thuriot : « La Convention a pour ainsi dire jeté la discorde dans toutes les familles; des procès sans nombre vont être la conséquence de cette loi ». Il ne se trompait certes pas, car le nombre des jugements relatifs aux successions s'est élevé à 21,317, en la seule année 1868, pour laquelle Le Play l'a calculé ou extrait des publications officielles. (*Organisation de la famille*, Document D.) Sous l'inspiration des Portalis et des Maleville, Napoléon lui-même avait d'abord exprimé son opinion au Conseil d'Etat, dans les termes suivants : « Le législateur, en disposant sur cette matière, doit avoir essentiellement en vue les fortunes modiques; la trop grande subdivision de celles-ci met un terme à leur existence, surtout quand elle entraine l'aliénation de la maison paternelle ». Bigot de Préameneu, déjà cité, avait émis la même idée d'une manière presque identique. Mais, en 1793, Mailhe avait allégué que beaucoup de pères avaient testé contre des enfants qui s'étaient montrés partisans de la Révolution, et Napoléon a ainsi expliqué, en 1806, dans une lettre à son frère Joseph, les motifs de son changement d'avis : « Voilà le grand avantage du Code civil. Il faut établir le Code civil chez vous; il consolidera votre puissance, puisque par lui tout ce qui n'est pas fidéicommis tombe, et qu'il ne reste plus de grandes maisons que celles que vous érigez en fiefs ».

Habemus confitentem reum.

Constatons donc, avec Le Play, que les restrictions apportées au droit de tester, loin d'avoir été appuyées, sur la justice et le droit naturel, n'ont été consacrées que par une loi de circonstance et de passion politique qui n'a plus de raison d'être [1]; avec les auteurs de la législation, que ses conséquences nécessaires sont de multiplier les procès, d'affaiblir l'autorité paternelle et de ruiner les petites fortunes plus encore que les grandes; avec M. Claudio Jannet, que, malgré les préjugés encore puissants qu'elle soulève dans certaines régions et auxquels on pourrait d'ailleurs avoir égard, la réforme des lois successorales est une de celles sur lesquelles l'accord se fait dans les régions scientifiques.

2e Argument. — *Défaut d'accord des dispositions du Code avec leur principe.* — Le principe du Code, c'est l'égalité de situation des enfants. Mais ce n'est pas seulement du père et de la mère que cette situation dépend. Elle est, par exemple, souvent troublée par les libéralités des grands parents et des collatéraux, qui n'obéissent généralement dans leurs dispositions qu'à des préoccupations personnelles. Le Code ôte aux parents, meilleurs juges des intérêts de leurs enfants, liés par un devoir plus étroit, le moyen d'atténuer les inégalités qu'il n'empêche pas.

3e Argument. — *Défaut d'harmonie des dispositions du Code entre elles.* — Le père d'un fils unique ayant le droit absolu de le priver de la moitié de sa fortune, — même au profit d'une concubine, — la logique exigerait que le père de plusieurs enfants eût aussi sans réserves celui de priver un ou plusieurs d'entre eux de la moitié de la part que lui donnerait le partage égal. Mais il suffit que ce droit soit reconnu au profit des enfants ou petits-enfants et même subordonné à des circonstances et à des conditions déterminées.

La logique sera satisfaite en même temps que la morale si l'article 913 du Code civil est modifié, comme les réformistes l'admettent, de manière à empêcher qu'une passion coupable prive un fils qui n'a pas démérité de la moitié du patrimoine familial.

Qu'un ascendant veuille assurer l'avenir de ses petits-enfants compromis par un père prodigue, il ne le peut actuellement que sur la quotité disponible et aux dépens des plus méritants de ses enfants. La retenue du quart qu'il lui est permis de faire subir au prodigue sur sa part virile est en effet manifestement insuffisante pour le but à atteindre. La difficulté est la même, soit que l'ascendant fasse une donation directe à ses petits-enfants, ce qui n'est pas sans présenter de graves inconvénients, soit qu'il grève le prodigue de restitution conformément à l'article 1048 du Code civil. Est-ce logique? Est-ce acceptable? Non.

[1] Benjamin Constant disait déjà au Tribunat, le 29 ventôse, an VIII : « C'est donc par haine de la féodalité que je vous demande de restituer aux pères leurs droits et leur légitime liberté. Je ne veux pas que, se trouvant privés de l'empire que la nature leur a délégué, se voyant déchus d'une puissance dont la perte est pour eux et pour leurs enfants le plus grand des maux, ils en accusent l'égalité nouvellement introduite. »

4e Argument. — *Nombre et autorité des partisans de la Réforme.* — La plus haute et la plus irrécusable des autorités favorables à la réforme, c'est celui qui en a été le puissant initiateur, Le Play. Il est impossible, en effet, de lui contester le mérite d'avoir fourni, par ses observations et par ses ouvrages, la plupart des arguments que ses disciples invoquent encore aujourd'hui et d'avoir notamment démontré jusqu'à l'évidence combien le partage égal est nuisible à la petite propriété, à la famille et à la nation.

Lui-même se plaisait à citer les manifestations officielles qui se sont produites de son vivant en faveur de sa thèse, le vote de 41 députés en 1865 sur la proposition de Veauce, les pétitions présentées, l'une en 1865 par M. Larsonnier et 130 fabricants de Paris et de province, l'autre par M. Salandrouze-Lemoullec et 400 paysans ou ouvriers de la Creuse, le rapport rédigé par M. de Forcade la Roquette au nom de la commission supérieure de l'enquête agricole de 1866-1869, les projets de loi déposés l'un en 1870 par le Gouvernement, l'autre en 1871 par MM. Lucien Brun, Baragnon, Paul Bethmont[1] et Mortimer-Ternaux, l'avis de la majorité des chambres de commerce en 1873 et 1874, enfin le projet de loi de M. Lecesne, ancien député du Havre, signé de 115 députés (1876-1877).

L'auteur de *La Démocratie en Amérique*, de Tocqueville, était aussi partisan de la réforme. Par crainte de se discréditer, en heurtant de puissants préjugés, il n'a pas osé le déclarer franchement dans son ouvrage; mais il s'en est ouvert à Le Play.

Sauzet, ancien président de la Chambre des députés sous Louis-Philippe, a été plus hardi dans *Rome et la France*.

Après lui, se sont prononcés dans le même sens un grand nombre de jurisconsultes, d'économistes et de publicistes, savoir :

Jurisconsultes : Troplong, Pinard, ancien ministre, M. H. Fontaine; M. Champetier de Ribes, avocat à Paris, dans la *Gazette des tribunaux;* MM. Boyer de Bouillane, Lucien Brun, Coirard, Hovelt, Trouillard, de Gaillard, Girod, Duquaire; M. le chanoine Allègre dans le *Code civil commenté à l'usage du clergé*, en 1888; MM. Terrat, Jacquier, avocat à Lyon, Moreau d'Audoy, depuis ministre en Belgique, et Hallay, Belge aussi; enfin, en 1884, un important congrès de jurisconsultes catholiques réunis à Nantes.

Economistes et publicistes : M. Lanfrey, dans son *Histoire de Napoléon*, M. Courcelle Seneuil dans le *Journal des économistes*, MM. Accolas et Ad. Coste, M Richet dans la *Revue des Deux-Mondes ;* MM. de Molinari, Frout de Fontpertuis, Emile Beaussire; M. P. Leroy-Beaulieu dans l'*Economiste français* de mars 1880; le journal *La République Française*, n° du 10 février 1886; MM. U. Guérin et Cheysson; M Renan dans les *Questions contemporaines;* About, dans *le Progrès*.

Enfin, l'augmentation de la quotité disponible a obtenu l'adhésion de la grande majorité des assemblées provinciales qui ont eu lieu en 1889, à l'instar de celle de Romans, et aussi l'approbation de l'assemblée générale qui en a été la clôture

[1] Bethmont père était un des 41 de 1865. *Réforme sociale*, I, p. 369 et 370.

Elle a été voté séparément, dans cette dernière, par les trois commissions de la famille, de l'agriculture et de l'industrie.

5° Argument. — *Exemples tirés des législations étrangères.* — Le Play indique que, dès 1865, les colons de l'île Maurice (ancienne île de France) demandaient la liberté testamentaire à leur magistrature locale.

Plusieurs législations étrangères modernes ont adopté la quotité de 1/2 qui était autrefois en vigueur dans les 2/3 de la France, et particulièrement dans le midi. Telles sont celles du canton de Vaud en Suisse, de la Prusse, de l'Autriche et de l'Italie, dont la dernière date de 1866.

La liberté testamentaire règne en Angleterre avec une loi *ab intestat* qui ne fait que consacrer les coutumes locales. Deux exemples montreront, avec la dernière évidence, comment on apprécie dans ce pays les conséquences du partage égal.

Sous la reine Anne, en vue de détruire les catholiques d'Irlande, une loi a prescrit que l'héritage des papistes y serait également partagé quand le fils aîné ne serait pas protestant[1].

En 1815, l'ambassadeur anglais, au congrès de Vienne, se consolait de n'avoir pas obtenu un plus grand démembrement de la France par cette réflexion : « Après tout, les Français sont suffisamment affaiblis par leur système de succession. »

Le partage égal est en Amérique la règle des successions *ab intestat*, mais outre que la liberté de tester lui sert de correctif, il peut y fonctionner sans inconvénient parce que la valeur des terres n'y est capitalisée qu'à 16 pour 1, et que, par suite, il est facile d'éviter le morcellement des domaines suivant le vœu de la loi.

La Norwège a aussi le partage égal. Mais le domaine ne doit pas être morcelé. Si aucun des enfants ne consent à le garder, à charge de payer aux autres leur quote-part, il est vendu en un seul lot avec réméré de trois ans.

Les familles souches, dont il sera parlé plus loin, sont encore florissantes en diverses régions du Piémont, du Portugal et de l'Espagne.

Les Français du Canada ont acquis, grâce à la faculté de tester, une puissance d'expansion telle qu'ils refoulent les Anglais et que ceux-ci s'en effrayent[2].

L'Allemagne comprenant, dit M. Claudio Jannet, que dans la grande lutte engagée entre le vieux monde et les nouveaux continents, la première condition de succès est la stabilité de la famille avec la permanence des exploitations, vient, par une série de réformes, de rejeter presque complètement le principe

[1] Les Anglais savaient bien ce qu'ils faisaient, car, suivant un de leurs historiens cité par Michelet, qui partage son opinion, la coutume de *Gavelkind*, ou partage égal, fut la cause principale de l'affaiblissement qui livra les Bretons aux Angles et aux Saxons. Ils connaissaient, en outre, la loi de Manou portant : « Il est ordonné à un *Coudra* (race des vaincus de l'Inde à la première conquête) d'épouser une fille de sa classe et non une autre. Tous les enfants qui naîtront d'elle devront avoir des parts égales quand même il y aurait des centaines de fils ».

[2] Rameau de Saint-Père, *Revue de la Réforme sociale*, n° du 1er décembre 1889.

du partage égal des biens ruraux, pour revenir sous une forme renouvelée à la transmission intégrale des domaines.

Le Mexique, qui s'était inspiré du Code Napoléon, a rétabli récemment la liberté testamentaire.

En Espagne, où les divers systèmes coexistaient, le code du 1er mai 1889 a donné au père la libre disposition des 2/3 de ses biens en faveur de certains de ses enfants, d'un seul tiers en faveur des étrangers et a confirmé les libertés plus étendues dont jouissaient certaines provinces.

6e ARGUMENT. — *Affaiblissement de la famille, multiplication des procès, ruine de la moyenne et petite propriété.* — Les aveux des législateurs de 1793 et de 1803, complétés par les détails déjà donnés et sur lesquels j'aurai encore à revenir, rendent inutiles les longs développements que comporterait le 6e argument s'il était présenté isolément. Il paraît en particulier superflu d'insister sur la multiplication des procès, sur la ruine de la petite propriété immobilière, qu'elle appartienne ou non à des mineurs, et sur l'affaiblissement des familles des petits propriétaires.

Le cas de la moyenne propriété est surtout à considérer dans la famille souche ou stable qui était dominante dans une grande partie de la France lorsque le partage égal, qui existait à l'état de coutume dans un certain nombre de bourgs et de villes à banlieue morcelée et dans les plaines uniformes du Nord-Est, a été violemment imposé à la nation entière. La famille souche est caractérisée par les traits suivants : permanence depuis des siècles d'un foyer rural passant intégralement du chef de famille à l'un de ses enfants, son associé avant d'être son héritier ; abritant ceux que n'attire au dehors ni le mariage ni l'esprit d'entreprise. fournissant aux autres, par l'épargne commune et par la dot du conjoint de l'héritière ou de l'héritier, le moyen de s'établir dans l'indépendance, demeurant pour eux un centre de protection et un refuge en cas d'échec, et toujours l'objet d'une sorte de culte qui est leur force et qui les y ramène souvent comme à un lieu de pèlerinage.

La famille souche était féconde et vigoureuse ; elle fournissait à l'armée d'excellents soldats ; aux possessions françaises d'outre-mer de hardis pionniers, d'admirables colons. Ce sont les fils des familles souches de Normandie qui ont fondé la colonie du Canada ; qui, abandonnés par la mère-patrie, l'ont si héroïquement défendue contre les Anglais et qui, vaincus, sont en voie de reconquérir pacifiquement la prépondérance sur eux. La famille souche mérite donc toutes les sympathies qu'a pour eux l'école de Le Play qui réclame surtout en sa faveur la liberté de tester.

Dans cette organisation, la transmission intégrale du domaine n'est que la juste compensation des services rendus, l'équitable rémunération d'une vie de labeur, de privations et de dévoûment sans trêve. On comprend qu'elle ne fasse pas de jaloux. Aussi, grâce d'ailleurs à la plus-value constante que prenait la terre avant les quinze dernières années, la famille souche qui était surtout florissante en Gascogne, en Languedoc, en Auvergne, en Dauphiné, en Franche-Comté, en Alsace, en Normandie, n'a-t-elle pas encore complètement disparu. Sous l'empire des vieilles mœurs, les intéressés et les hommes d'affaires eux-mêmes se sont prêtés, pour la maintenir, notamment dans le Lavedan, à des conventions frauduleuses au regard de la loi. Mais les effets du Code se font de plus en plus sentir, et les convoitises qu'il excite, jointes à la crise agricole, rendent désormais impossibles les arrangements de famille nécessaires à la conservation du foyer.

Que ceux qui douteraient de l'exactitude de cette assertion veuillent bien lire, dans l'*Organisation de la famille*, l'histoire lamentable de la famille *Mélouga*, dont Le Play a peut-être retardé, mais n'a pas pu empêcher la chute. Ils verront comment elle est fatalement passée dans le prolétariat. La stérilité volontaire, ce fléau de la France, aurait seule pu la sauver. Ce n'est, on n'en peut douter, que par ce triste moyen que se maintiennent la plupart des familles aisées quand leurs héritiers ne les ruinent pas par de folles débauches.

Les grandes familles sont moins atteintes. Naturellement moins fécondes, elles trouvent, en outre, dans diverses circonstances et notamment dans le procédé du blason redoré les moyens de se maintenir.

Il est néanmoins incontestable que la loi du partage égal, appliquée aux acquêts comme aux biens patrimoniaux, a eu des conséquences qui accusent une profonde désorganisation de la famille en général. Qu'on en juge par la longue énumération de ces conséquences, qui sont :

1° La ruine de la petite et de la moyenne propriété immobilière, l'instabilité du foyer dans toutes les classes, et notamment de celui des ouvriers et petits propriétaires agricoles dont on cherche, vainement jusqu'ici, à assurer la conservation par des palliatifs;

2° Les immixtions fréquentes, blessantes et onéreuses à l'excès des étrangers dans les affaires des familles, et la multiplication des procès ;

3° La démoralisation que produit la promiscuité des logements loués ;

4° Les mariages mal assortis ; la stérilité volontaire et les mauvaises mœurs qui en résultent [1] ; l'affaiblissement de l'autorité du père [2] et même du mari, que tout le monde déplore ; 5° le mépris de la tradition et de l'expérience loué comme un instrument de progrès [3] ; 6° dans les classes pauvres, les sévices et

[1] En diminuant à mesure que le nombre des enfants augmente la quotité disponible et la retenue que chaque enfant peut subir sur sa part virile, le Code provoque directement la stérilité systématique. Ce mal, sur lequel je ne veux pas insister, est une source fréquente de mésintelligence entre les époux et souvent la cause de l'infidélité de l'un ou de l'autre, sinon de l'un et de l'autre.

[2] Rousseau qui, du moins, reconnaissait au père le droit de disposer de son bien, a écrit dans le *Contrat social*, l'oracle de ses contemporains : « Les enfants ne restent liés au père qu'aussi longtemps qu'ils ont besoin de lui pour se conserver. Sitôt que ce besoin cesse, le lien naturel se dissout. Les enfants, exempts de l'obéissance qu'ils devaient à leur père, le père exempt des soins qu'il devait à ses enfants, rentrent tous également dans l'indépendance ».

Le correctif ayant disparu, la leçon aux fils a porté tous ses fruits.

[3] « Tel est, disait M. de Fontenay dans le *Journal des Économistes* de juin 1856, la rapidité du progrès des connaissances qu'aux 2/3 de sa

le crime contre les vieux parents [1]; dans les classes aisées et inféconde, l'appauvrissement physique et l'énervement des enfants, résultant de soins excessifs et malentendus; 7° pour les jeunes filles peu dotées, le délaissement; 8° pour les jeunes gens, l'insoumission, la prodigalité et la débauche au profit d'usuriers et de courtisanes qui les exploitent à coup sûr; tout au moins l'affaiblissement de l'esprit d'entreprise, l'oisiveté qui souvent persiste après le mariage et rendant la vie sans utilité, sans dignité, excite le mépris, l'envie et l'antagonisme des classes inférieures; 9° enfin la destruction périodique des industries que signalait en 1889, à Bourges, un homme des plus compétents, M. Balsan, et la fondation de ces sociétés anonymes qui ne profitent souvent aux chefs d'industrie qu'aux dépens des actionnaires.

7e Argument. — *Affaiblissement de la race et de la nation.* — De l'affaiblissement de la famille résulte nécessairement celui de la race, et, pour l'établir avec la dernière évidence, il suffira de joindre quelques traits nouveaux à ceux des deux paragraphes précédents.

La stérilité des familles a pour conséquence la dépopulation. Le mot n'est pas trop fort, car le nombre des jeunes gens atteignant vingt ans, qui était pour la période 1881-1886 de 309,091, s'est, depuis, abaissé chaque année et s'est réduit en 1889 à 295,707, en diminution de 12,538 sur 1888; de plus l'excédent des naissances sur les décès, qui était en 1874 de 171,943, est descendu en 1888 à 44,000, nombre inférieur de 16,074 à celui de 1887 [2]. En outre, l'invalidité est plus grande dans les villes, dont la population continue de croître, que dans les campagnes, où elle diminue par le double motif de la stérilité et du refoulement dans les villes. La France conserve sa richesse pour tenter ses ennemis. Elle perd chaque année une partie des moyens de la défendre.

L'instabilité générale, corrélative à celle de la famille, est pour elle une nouvelle cause de ruine.

De la dépopulation, de l'affaiblissement de l'esprit d'entreprise, de l'instabilité des familles, résultent l'impuissance en matière de colonisation et de commerce lointain et la nécessité d'appeler des étrangers chez nous et dans nos colonies. En 1851,

carrière, le père de famille n'est plus au niveau de ce qu'il faut savoir, ce n'est plus lui qui enseigne ses enfants. Il représente pour eux la routine.... la résistance qu'il faut vaincre ».

[1] Ainsi que M. Bonjean le faisait remarquer, avec l'assentiment de ses collègues, dans la séance du Sénat du 28 mars 1861, lorsque le père de famille a partagé ses biens entre ses enfants, en se réservant une rente, comme c'est le cas ordinaire, il ne tarde pas à leur devenir à charge. C'est ce qui fait dire, dans la campagne de Lyon, qu'un père nourrit dix enfants, mais que dix enfants ne peuvent pas nourrir un père, et ce qui ailleurs fait donner au père le surnom significatif de *vit-toujours*.

Les débats des cours d'assises sont lugubres. Ils apprennent que les vieillards qui ne peuvent plus travailler sentent qu'ils sont de trop sur la terre et se résignent aux sévices qu'on ne leur épargne pas. N'a-t-on pas vu récemment, en Loir-et-Cher, des enfants en arriver à brûler vive leur mère?

[2] *Journal officiel* du 31 août 1889.

la France comptait 10 étrangers par mille habitants et Proudhon jetait déjà des cris d'alarme. C'était trois fois plus qu'en Allemagne. En 1886, le nombre des étrangers était monté à 31 par mille.

La vente de l'établissement industriel que le possesseur avait amorti replace l'acquéreur dans la situation du créateur de l'établissement. Il est obligé d'amortir à son tour, ce qui le force à vendre plus cher et lui rend difficile la lutte contre ses rivaux de l'intérieur et de l'extérieur. De plus les anciens rapports de patronage qui liaient l'ancien possesseur à ses ouvriers disparaissent avec lui. Le même motif qui oblige le nouveau à vendre plus cher l'oblige aussi à s'efforcer de moins rémunérer les travailleurs qu'il emploie.

La situation des travailleurs est analogue. La licitation des domaines à chaque génération et l'instabilité des exploitations ne permettent pas de produire à bon marché. Comment pourrait-on lutter dans ces conditions contre la concurrence du Nouveau Monde ?

NEUVIÈME RÉFORME

Mesures spéciales en faveur de la petite propriété.

La nécessité de protéger la petite propriété par des mesures spéciales en rapport avec les mœurs du temps avait été reconnue sous l'ancien régime. La déclaration sur le contrôle des actes des notaires en date du 29 septembre 1722 graduait en effet l'enregistrement des contrats de mariage, dons mutuels et testaments suivant la condition des personnes. Le mode de protection ne pouvait pas être conservé, mais il était facile de le transformer et il est profondément regrettable que le scandale de la protection à rebours et des ruines infligées aux mineurs des classes peu aisées subsiste encore en France, alors que l'Allemagne s'est empressée de le faire disparaître en Alsace-Lorraine dès l'année 1873 comme elle avait déjà fait dans les provinces séparées en 1815.

Sans doute il y a eu de bonnes intentions. Une loi de 1841 a supprimé une partie des formalités des licitations, mais le législateur ne s'y est pas suffisamment préoccupé des intérêts de la petite propriété. Dès 1856, le Gouvernement dut étudier les moyens de lui venir en aide. C'est de cette étude qu'est sorti, en 1867, le projet de loi que les hommes d'affaires ont fait échouer, comme je l'ai dit, parce qu'il les frustrait injustement au profit du trésor qui, lui ne voulait rien perdre.

Un projet de réforme complète du Code de procédure avait été préparé, mais il a été détruit lors de l'incendie du Conseil d'Etat en 1871. Une seule loi a été votée et promulguée, c'est celle de 1884 sur les ventes judiciaires d'immeubles qui ordonne la restitution des droits de timbre, d'enregistrement et de greffe perçus par le Trésor, lorsque le prix ne dépasse pas 2,000 francs, et impose aux officiers ministériels une réduction d'un quart sur leurs émoluments, si le prix ne dépasse pas mille francs. Cette loi n'est qu'un palliatif insuffisant dont l'effet, dit M. Cl. Jannet, a été surtout de contribuer à multiplier les ventes sur saisies immobilières auxquelles elle a été inopportunément étendue.

Le ministre Thévenet a dû reconnaître à la tribune, en février 1890, qu'elle n'est même pas exécutée. Du reste, pour savoir où nous en sommes, il suffit de lire les rapports officiels desquels il résulte que, non compris ceux nécessaires pour parvenir à la vente, les frais de licitation ou de vente sur saisie d'un immeuble de 500 francs et au dessous ont toujours été supérieurs à la valeur de l'immeuble depuis 1850. L'excédent a varié de 12 à 43 0/0. Il était de 37,37 0/0 en 1887.

La note de la page 10 montre que le partage des valeurs mobilières ne peut plus se faire sans une liquidation judiciaire si elles sont nominatives et dépassent en totalité 1,500 francs. Sont-elles au porteur, la dissimulation contre laquelle l'Etat s'est prémuni par une surimposition et à laquelle cette surimposition invite, est difficile sinon impossible aux mineurs, puisqu'un inventaire est exigé non sans motifs.

Il est donc incontestable que le régime successoral actuel, loin d'être favorable à la petite propriété, est pour elle un régime de spoliation inique et intolérable.

Puisqu'il est prouvé que la protection judiciaire est ruineuse pour les mineurs de la petite propriété, il faut la réduire autant que possible en même temps que les formalités onéreuses ou nuisibles à la famille. C'est ce qui peut être réalisé :

1° En rendant valables, sans homologation du tribunal, les partages effectués devant notaire, de l'assentiment des représentants des mineurs et du juge de paix, président du conseil de famille ;

2° En étendant à ces partages la dispense d'observer la disposition finale de l'article 832 du Code civil, et en supprimant la formalité du tirage au sort pour que le foyer puisse rester à l'enfant le plus capable de le garder.

3° En donnant au conseil de famille le droit d'ajourner, avec l'assentiment du juge de paix ou, à défaut, avec l'autorisation du tribunal, les partages intempestivement demandés par les tuteurs avant la majorité de l'aîné des mineurs.

Les partages n'étaient assujettis par les lois de frimaire an VII et de 1816 qu'au droit fixe de 5 francs. L'assimilation des retours de ces partages à des ventes frappées d'un droit proportionnel de 4 0/0, que les décimes élèvent à 5 0/0, introduite par la loi du 18 mai 1850, est absolument inacceptable pour la petite propriété quand les immeubles possédés se réduisent au foyer.

Le droit d'usufruit de la mère de famille veuve est considéré comme très utile au maintien de l'indivision et à la conservation du foyer. Il ne faut donc pas qu'elle soit obligée, comme il est souvent arrivé, d'y renoncer pour exonérer sa famille d'une double taxe fiscale. La réforme demandée sous ce rapport pour toutes les successions est en conséquence absolument indispensable à la petite propriété pour qu'elle puisse profiter de la loi du 26 février dernier qui a créé un droit d'usufruit *ab intestat* en faveur du conjoint survivant.

La concession de l'assistance judiciaire aux héritiers d'une succession de 3,000 francs au plus serait imitée de la législation de l'Alsace-Lorraine, à laquelle pourraient être faits utilement d'autres emprunts dans le détail desquels je ne puis entrer.

QUESTIONS DIVERSES

Je n'ai fait qu'une brève et incidente allusion à la distinction qui pourrait être établie entre les acquêts dus exclusivement à l'industrie du père, sur lesquels il a naturellement un droit de disposition plus étendu, et le bien patrimonial, implicitement, mais évidemment grevé, dans chaque génération, de la destination du père de famille.

J'ai de plus laissé complètement de côté une autre question, concernant la quotité disponible, dont je ne méconnais nullement l'intérêt. C'est celle de l'imputation sur la quotité disponible ou sur la réserve de la donation faite en avancement d'hoirie à un enfant qui a renoncé ultérieurement à la succession du donateur. La Cour de Cassation a changé trois fois sa jurisprudence sur cette question et décidé en dernier lieu que l'imputation doit être faite exclusivement sur la quotité disponible. Elle ne respecte évidemment pas la volonté et le droit du père si celui-ci a donné lui-même une autre destination à la quotité disponible. Il est donc nécessaire que la loi intervienne. C'est une dixième réforme à réclamer.

J'ai différé de poser ces deux questions et je me borne en ce moment même à les poser brièvement parce que j'ai voulu dégager de toute complication évitable les questions plus essentielles que je m'étais proposé principalement d'élucider.

Puissé je avoir atteint mon but et contribuer à dissiper les préventions que rencontre, en Berry, comme ailleurs, le projet de modifier dans un grand intérêt social qui n'est nullement incompatible avec les intérêts particuliers légitimes, et se concilie, au contraire, parfaitement avec ces derniers, la rigueur excessive et despotique de la loi du partage égal !

Puissions-nous aussi voir bientôt le terme du régime de bon plaisir et d'arbitraire sans limites des autorisations administratives concernant les legs faits à des œuvres de bienfaisance !

De Lafont.

Bourges, le 16 mars 1891.

Bourges. — Imp. Tardy-Pigelet, rue Joyeuse, 15.

www.ingramcontent.com/pod-product-compliance
Ingram Content Group UK Ltd.
Pitfield, Milton Keynes, MK11 3LW, UK
UKHW022148260726
13993UKWH00005B/2232

9 782329 170770